L'autobus magique
perdu dans l'espace

Texte de Joanna Cole
Illustrations de Bruce Degen

Texte français de Lucie Duchesne
avec la collaboration de Pierre Chastenay,
astronome au Planétarium Dow de la ville de Montréal

Scholastic Canada Ltd.
123, Newkirk Road, Richmond Hill (Ontario) Canada

L'auteure et l'illustrateur remercient
Donna L. Gresh,
du *Center for Radar Astronomy* de l'Université Stanford,
qui les a aidés à préparer ce livre.

L'auteure veut aussi remercier John Stoke,
auteur en astronomie et réalisateur au Planétarium Hayden
de New York, qui lui a prodigué de judicieux conseils.

Données de catalogage avant publication (Canada)
Cole, Joanna
     L'autobus magique perdu dans l'espace

Traduction de : The Magic School Bus Lost in the Solar System
ISBN 0-590-74157-8

1. Espace extra-atmosphérique – Exploration –
Ouvrages pour la jeunesse. 2. Astronomie –
Ouvrages pour la jeunesse. I. Degen, Bruce.
II. Titre.

QB500.22.C614 1991   523.1'11   C91-095084-9

ISBN 0-590-74157-8

Titre original : The Magic School Bus Lost in the Solar System

Édition publiée par Scholastic Canada Ltd., 123, Newkirk Road, Richmond Hill (Ontario)
Canada L4C 3G5

À Virginia et Bob McBride
— J.C.

À Chris
— B.D.

Nous avons essayé d'être gentils avec Jeanne. Nous avons *vraiment* essayé. En nous rendant à l'autobus scolaire, nous lui avons dit que madame Friselis était le professeur le plus bizarre de l'école. Mais ça n'a pas intéressé Jeanne. Elle voulait plutôt nous parler d'elle-même.

Comme d'habitude, il a fallu du temps pour faire démarrer le vieil autobus. Mais finalement, nous sommes partis. Pendant le trajet, madame Friselis nous a expliqué en détail comment la Terre tournait comme une toupie tout en se déplaçant sur son orbite. Le planétarium n'était pas très loin, mais madame Friselis parlait à toute vitesse.

Cet autobus est en ruine.

Au moins, il a démarré, aujourd'hui.

À mon école, nous avons des autobus neufs.

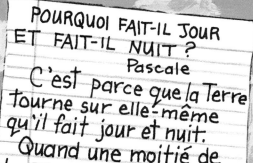

POURQUOI FAIT-IL JOUR ET FAIT-IL NUIT ?

Pascale

C'est parce que la Terre tourne sur elle-même qu'il fait jour et nuit. Quand une moitié de la Terre est face au Soleil, il fait jour de ce côté-là. La nuit tombe sur cette moitié dès qu'elle se retrouve du côté opposé au Soleil.

La Terre tourne sur elle-même. La Terre fait une rotation complète (un tour complet) toutes les 24 heures.

Quand nous sommes arrivés au planétarium, il était fermé pour cause de rénovations. «Les enfants, nous devons retourner à l'école», a annoncé Frisette.

Nous étions tellement déçus!

On revient à l'école?

Ce n'est pas vrai!

Mon planétarium est toujours ouvert, lui.

EN RÉNOVATION

Sur le chemin du retour, pendant que nous attendions à un feu rouge, quelque chose d'étonnant s'est produit. L'autobus s'est dressé sur ses roues arrière, et nous avons entendu un grondement de fusées.

«Oh la la! s'est écriée madame Friselis. Je crois que nous décollons!»

Et c'est reparti!

Pas encore une excursion de fou!

«Prochain arrêt, la Lune», annonça Frisette. Nous sommes descendus de l'autobus pour jeter un coup d'oeil. Il n'y avait ni air, ni eau. Aucun signe de vie. Tout ce que nous apercevions, c'était de la poussière, des roches et beaucoup de cratères. Madame Friselis nous a expliqué que ces cratères avaient été formés il y a des milliards d'années, lorsque des météorites avaient heurté la surface de la Lune. Les météorites sont des roches qui flottent dans l'espace et tombent parfois sur les planètes et leurs satellites.

Nous nous amusions bien sur la Lune. Mais madame Friselis a soudain donné le signal du départ. Alors, nous sommes remontés dans l'autobus.

«Nous partons vers le Soleil, le centre du système solaire», a annoncé Frisette. Et nous avons décollé.

POURQUOI Y A-T-IL DES CLAIRS DE LUNE ?
Sarah

La Lune n'émet pas de lumière. Les clairs de lune que nous apercevons de la Terre sont en fait de la lumière provenant du Soleil. Cette lumière frappe la Lune et rebondit, tout comme si elle était réfléchie par un miroir.

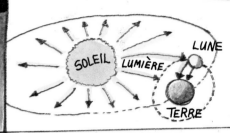

L'ORBITE DE LA LUNE
Mathilde

La Lune gravite autour de la Terre, tout comme la Terre se déplace autour du Soleil.

LE SOLEIL EST UNE ÉTOILE
Carmen

Notre Soleil est une étoile ordinaire, tout comme celles que nous apercevons dans le ciel nocturne.

Quelle étoile voyons-nous seulement pendant le jour?

C'est facile: le Soleil.

QUELLE EST LA DIMENSION DU SOLEIL ?
Grégoire

Le diamètre de notre Soleil est de plus d'un million de kilomètres. La Terre pourrait entrer plus d'un million de fois dans le Soleil.

Nous avons foncé vers le Soleil, l'astre le plus gros, le plus brillant et le plus chaud du système solaire. Des jets de gaz très très chauds nous arrivaient de la surface du Soleil. Heureusement que madame Friselis n'avait pas conduit l'autobus trop près de la surface!

Il ne faut jamais regarder directement le Soleil, les enfants. Cela peut abîmer vos yeux!

Il ne faut jamais conduire un autobus directement vers le Soleil!

Les PROTUBÉRANCES SOLAIRES sont des tempêtes géantes à la surface du Soleil.

«Les enfants, nous allons visiter toutes les planètes, de la plus proche à la plus éloignée, a expliqué Frisette. Mercure est la première planète, la plus proche du Soleil.»

Mon école est chauffée à l'énergie solaire.

J'ai un parasol géant.

J'ai dix paires de lunettes de soleil.

Oh! ça va, Jeanne.

QUELLE EST LA TEMPÉRATURE AU CENTRE DU SOLEIL?
Florence

Au centre du Soleil, il fait environ 15 millions de degrés Celsius! Le Soleil est si chaud qu'il réchauffe des planètes qui sont en orbite à des millions de kilomètres de lui.

Les TACHES SOLAIRES sont des zones plus froides que le reste de la surface du Soleil!

Chemin parcouru

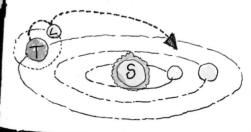

Peu de temps après, nous nous sommes sentis attirés par la gravité de Vénus – la deuxième planète à partir du Soleil. Vénus était complètement couverte d'une épaisse couche de nuages jaunâtres.

«Nous allons explorer la surface de Vénus», a annoncé madame Friselis.

POURQUOI LES NUAGES DE VÉNUS SONT-ILS JAUNES ? Thomas

Les nuages au-dessus de la Terre sont blancs parce qu'ils contiennent de la vapeur d'eau. Les nuages de Vénus sont en grande partie composés d'un poison mortel de couleur jaune, appelé acide sulfurique.

VOTRE POIDS SUR VÉNUS ET VOTRE AVENIR

kg
39
poids sur Terre

kg
35.2
poids sur Vénus

Nous prenons du poids et nous n'avons même pas encore mangé!

Nous pesons plus que sur la Lune ou sur Mercure parce que la gravité est plus forte sur Vénus.

Des nuages planent sur votre bonheur.

Sur Vénus aussi!

POURQUOI FAIT-IL SI CHAUD SUR VÉNUS?
Raphaël

L'atmosphère de Vénus contient beaucoup de gaz carbonique. Le gaz carbonique retient la chaleur à la surface de la planète, comme le ferait une couverture.

NUAGES

CHALEUR   CHALEUR   CHALEUR

Quand la chaleur est emprisonnée ainsi par l'atmosphère d'une planète, on parle d'« effet de serre ».

Sous la couche de nuages, Vénus était aussi aride qu'un désert.

Le sol était couvert de roches.

Et il faisait CHAUD! Environ 400 degrés Celsius! C'est *beaucoup* plus chaud qu'un four où on fait cuire des biscuits!

Il n'y a pas de vie sur Vénus, les enfants.

Il fait trop chaud!

C'est trop sec!

C'est beaucoup trop acide !

Partons !

L'atmosphère était si lourde que nous pouvions sentir la pression qu'elle exerçait sur nous! Madame Friselis nous a avertis qu'il pouvait y avoir des volcans actifs sur Vénus. Nous nous sommes écriés «Partons d'ici!»

Frisette a annoncé : «Notre prochain arrêt sera Mars, la planète rouge, qui est la quatrième à partir du Soleil. Chemin faisant, nous croiserons l'orbite de la Terre, la troisième planète.»

L'autobus s'est envolé dans un grondement.

IL NE PLEUT JAMAIS SUR VÉNUS
Hélène-Marie
Les nuages de Vénus ne produisent jamais de pluie parce qu'il fait trop chaud pour que de la pluie se forme. Sur Vénus, tout liquide s'évapore instantanément.

Je suis allée sur Mars très souvent.

Faites comme si elle n'était pas là !

Chemin parcouru

POURQUOI LES LUNES DE MARS NE SONT-ELLES PAS RONDES?

christophe Les grosses lunes sont rondes à cause de leur gravité. Il y a des milliards d'années, quand les plus grosses lunes se sont formées, la gravité a exercé une attraction uniforme sur les matériaux qui les composaient et leur a donné une forme ronde.

Les lunes de Mars sont si petites qu'elles n'ont pas assez de gravité pour être rondes.

En nous approchant de Mars, nous avons aperçu ses deux lunes, Phobos et Deimos. Par rapport à notre Lune, elles sont toutes petites.

Et elles ne sont même pas rondes!

Phobos
(29 km de long)

Deimos
(14,4 km de long)

Volcan ⇨

Ce sont des lunes?

On dirait des pommes de terre couvertes de cratères.

Il y a très longtemps, il y avait peut-être de l'eau dans ces canaux.

Oui, mais aujourd'hui, toute l'eau de Mars est gelée dans les calottes polaires.

Regardant plus bas vers la surface de Mars, nous avons aperçu un énorme canyon. Madame Friselis nous a expliqué qu'il était aussi long que le Canada. Et il y avait un volcan trois fois plus haut que le mont Everest, la montagne la plus haute sur Terre.

Partout autour, on voyait des canaux qui ressemblaient à des lits de rivières à sec.

Y A-T-IL DE LA VIE SUR MARS? Simone

On n'a pas trouvé de vie sur Mars. Les organismes vivants que nous connaissons sur Terre ont besoin d'eau et, sur Mars, il n'y a pas d'eau sous forme liquide. C'est pourquoi les astronomes pensent qu'il n'existe probablement pas de vie sur Mars.

Calotte polaire

Canyon

Canaux

La Terre est la planète idéale pour vivre. Moi, j'y habite.

Jeanne aime bien être la meilleure.

On a remarqué.

VOTRE POIDS SUR MARS ET VOTRE AVENIR

kg	kg
39	14,8
Poids sur Terre	poids sur Mars

Votre avenir s'annonce rose.

«Mars est la dernière de ce que nous appelons les planètes intérieures!» a crié madame Friselis par-dessus le grondement des fusées. «Nous allons maintenant traverser la ceinture d'astéroïdes pour rejoindre les planètes extérieures!»

LA CEINTURE D'ASTÉROÏDES

Sarah

La zone entre les planètes intérieures et les planètes extérieures s'appelle la ceinture d'astéroïdes. Elle contient des milliers et des milliers d'astéroïdes.

QUE SONT LES ASTÉROÏDES ?

Florence

Les astéroïdes sont de petits astres, composés de roche et de métal, en orbite autour du Soleil.

Les scientifiques pensent que ce sont les parties d'une planète qui ne s'est jamais formée ou peut-être les débris d'une planète détruite à la suite d'une violente collision.

Des milliers d'astéroïdes tournoyaient tout autour de nous. Tout à coup, nous avons entendu un bruit de verre brisé. Un astéroïde avait heurté un des feux arrière de l'autobus. Madame Friselis a mis le pilote automatique en marche et est sortie jeter un coup d'oeil. Elle continuait à nous parler des astéroïdes, par la radio de l'autobus.

Le plus gros astéroïde mesure à peine le tiers du diamètre de notre Lune. La plupart des autres sont gros comme une maison ou plus petits.

Je voudrais qu'elle rentre

Soudain, nous avons entendu un claquement. Le câble de sécurité de madame Friselis s'était rompu! Sans avertissement, les fusées se sont allumées et l'autobus a filé à toute vitesse! Le pilote automatique était détraqué.

À la radio, la voix de madame Friselis devenait de plus en plus faible. Puis, nous n'avons plus rien entendu. Nous étions perdus dans l'espace!

La plupart d'entre nous avions trop peur pour bouger. Mais Jeanne a commencé à fouiller l'autobus. Dans la boîte à gants, elle a trouvé les notes de cours de madame Friselis. Au moment où elle s'est mise à les lire, nous avons aperçu une énorme planète. «Les enfants, voici Jupiter, lit Jeanne. C'est la première des planètes extérieures et c'est la plus grosse planète du système solaire.»

En apercevant la planète suivante, nous avons oublié tous nos problèmes. C'était Saturne, une planète gazeuse, comme Jupiter. Saturne était recouverte de nuages tournoyants et entourée de plein de lunes. Mais la vision la plus incroyable, c'étaient ses anneaux. Saturne est la plus belle planète du système solaire!

DE QUOI SONT COMPOSÉS LES ANNEAUX DE SATURNE? *Sarah*

Les anneaux de Saturne sont composés de blocs de glace, de roches et de poussière —en orbite autour de la planète.

VOTRE POIDS SUR SATURNE ET VOTRE AVENIR

kg **39** poids sur Terre

kg **46,4** poids sur Saturne

Vous allez trouver un merveilleux anneau.

"Il y a des milliers d'anneaux autour de Saturne, les enfants."

On dirait les sillons d'un microsillon!

Magnifique disque!

LA PLANÈTE INCLINÉE
Raphaël

Uranus ne tourne pas comme les autres planètes. Quand on la compare à la plupart des autres planètes du système solaire, on dirait qu'elle est couchée sur le côté.

Uranus   Terre   Soleil

VOTRE POIDS SUR URANUS ET VOTRE AVENIR

| kg 39 poids sur Terre | kg 36,3 poids sur Uranus |

Vous aimeriez avoir les deux pieds sur Terre.

Plus tard, nous avons dépassé Uranus, une planète gazeuse bleu-vert entourée de minces anneaux gris et de plusieurs lunes. Certains scientifiques croient que ces anneaux sont peut-être faits de morceaux de graphite – la substance qu'on utilise sur Terre pour fabriquer la mine de crayon.

« Le méthane, un gaz contenu dans l'atmosphère d'Uranus, la fait paraître bleue. »

Toi aussi, tu es tout bleu !

Je suis gelé !

C'est parce qu'on est très loin du Soleil.

L'autobus allait de plus en plus vite, et nous ne pouvions pas contrôler le pilote automatique. Nous sommes passés à toute vitesse à côté de Neptune, une planète orageuse, bleu foncé – la huitième à partir du Soleil.

Mais la seule chose à laquelle nous pensions, c'était de retrouver madame Friselis!

COMBIEN DE TEMPS DURE UNE ANNÉE ?
Thomas
Une année est le temps qu'il faut à une planète pour faire un tour complet autour du Soleil. Neptune et Uranus sont si éloignées du Soleil que leur année dure très longtemps.
Une année sur Uranus dure 84 années terrestres.
Une année sur Neptune dure 165 années terrestres.

« Neptune est la dernière des géantes gazeuses. »

J'ai hâte de sortir de l'autobus

Grande tache sombre

VOTRE POIDS SUR NEPTUNE ET VOTRE AVENIR

kg
39
poids sur Terre

kg
46,8
poids sur Neptune

Vous aurez un joyeux anniversaire dans 165 ans

Patience ! On n'est qu'à 4 000 millions de km de la Terre.

PLUTON EST-ELLE UNE VRAIE PLANÈTE ?
Catherine

Certains scientifiques pensent que Pluton a autrefois été une lune de Neptune, puis elle serait devenue une véritable planète en orbite du Soleil.

Pluton est la dernière planète connue du système solaire.

VOTRE POIDS SUR PLUTON ET VOTRE AVENIR

kg 39 poids sur Terre

kg 1,17 poids sur Pluton

Vous allez rencontrer une petite planète sombre.

CHARON

PLUTON

Nous allions tellement vite que nous avons presque raté la neuvième planète, la petite Pluton*, et sa lune, Charon (on prononce Karon). Nous étions si loin du Soleil que celui-ci avait l'air tout petit.

Il ressemblait simplement à une grosse étoile. Nous étions en train de quitter le système solaire.

*Tous les 248 ans, Pluton se retrouve plus près du Soleil que Neptune pendant environ 20 ans. Neptune devient alors la neuvième planète. Mais, la plupart du temps, Pluton est la neuvième planète du système solaire.

Il y a juste des étoiles, ici !

Il y a peut-être une dixième planète qui attend qu'on la découvre !

Elle attendra.

J'espère que Frisette attend, elle aussi.

Jeanne a rapidement parcouru le livre de madame Friselis. Soudain, elle a trouvé quelque chose de nouveau – le mode d'emploi du pilote automatique. Nous avons appuyé sur le bouton «CEINTURE D'ASTÉROÏDES» sur le tableau de bord. Lentement, l'autobus a fait demi-tour.

Ça marchait! Nous revenions chez nous!

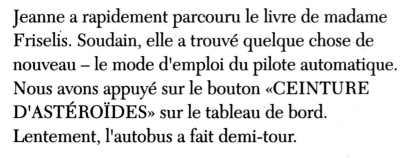

CEINTURE D'ASTÉROÏDES

Jeanne nous a sauvés !

Je vous avais bien dit qu'elle était gentille.

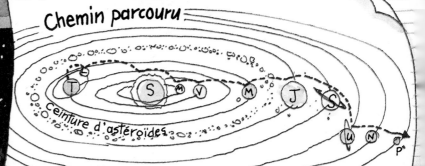

Chemin parcouru

Ceinture d'astéroïdes

Frisette s'est remise au volant, et l'autobus s'est dirigé tout droit vers la Terre. Nous avons traversé l'atmosphère, atterri dans un grand «POM!» et regardé tout autour de nous.

Nous étions de nouveau dans le parc de stationnement de l'école. L'autobus n'avait plus de fusées. Nous n'avions plus de combinaisons spatiales. L'autobus était toujours en ruine. Tout était redevenu normal.

Les enfants, nous revoici sur Terre, la troisième planète du système solaire.

POM

Ouf! Merci!

Un bon vieux pissenlit!

NOTRE TABLEAU DES PLANÈTES

PLANÈTE	DIAMÈTRE	DURÉE D'UNE ROTATION	DURÉE D'UNE ANNÉE	DISTANCE PAR RAPPORT AU SOLEIL	NOMBRE DE LUNES	NOMBRE D'ANNEAUX
MERCURE	4 878 km	58,6 jours	87,96 jours	57,9 millions de km	aucune	aucun
VÉNUS	12 104 km	243 jours	224,7 jours	108,2 millions de km	aucune	aucun
TERRE	12 756 km	24 heures	365,3 jours	149,6 millions de km	1	aucun
MARS	6 790 km	24,6 heures	687 jours	227,9 millions de km	2	aucun
JUPITER	142 800 km	9,8 heures	11,86 années terrestres	778 millions de km	au moins 16	4
SATURNE	120 000 km	10,7 heures	29,46 années terrestres	1 427 millions de km	au moins 18	plusieurs milliers
URANUS	51 200 km	17,2 heures	84 années terrestres	2 869 millions de km	au moins 15	au moins 10
NEPTUNE	49 500 km	16 heures	164,8 années terrestres	4 497 millions de km	au moins 8	4
PLUTON	environ 2 300 km	6,4 jours	247,7 années terrestres	5 900 millions de km	1	aucun

Dans la classe, nous avons réalisé un extraordinaire tableau sur les planètes et un mobile du système solaire.

Enfin, c'était le temps de rentrer chez nous. Ç'avait été une journée normale pour la classe de madame Friselis. Mais nous avions encore un problème : qui allait nous croire quand nous racconterions ce qui nous était arrivé?

LES POISSONS

MERS ET OCÉANS

AVIS AUX LECTEURS ET LECTRICES!

N'ESSAYEZ PAS DE FAIRE UN TEL VOYAGE DANS VOTRE AUTOBUS SCOLAIRE!

Voici pourquoi :

1. Si vous accrochez des fusées à votre autobus scolaire, votre professeur, la direction de l'école et vos parents seront très en colère. De toute façon, un autobus ne peut pas se mettre en orbite. Un autobus ordinaire ne peut pas voyager dans l'espace, et vous ne pouvez pas devenir astronautes sans suivre des années et des années de formation.

2. Atterrir sur certaines planètes peut être dangereux pour la santé. Même les astronautes ne peuvent pas aller sur Vénus (il y fait trop chaud), sur Mercure (elle est trop près du Soleil) ou sur Jupiter (à cause de sa gravité, les êtres humains seraient littéralement écrasés). On ne peut pas non plus aller sur le Soleil. Sa gravité serait trop forte et sa chaleur, trop élevée.

3. Si vous voyagez dans l'espace, vous risquez d'être en retard au souper . . . pour le reste de vos jours. Même si un autobus scolaire *pouvait* aller dans l'espace, il ne pourrait jamais traverser tout le système solaire en une seule journée. Il a fallu des *années* aux sondes spatiales Voyager 1 et 2 pour y parvenir.

EN REVANCHE . . .

Si une professeure aux cheveux roux et vêtue d'une robe bizarre se présente à votre école . . . prenez vos jambes à votre cou!